JN440051

그 여인의 실루엣

텃밭시학시선 03

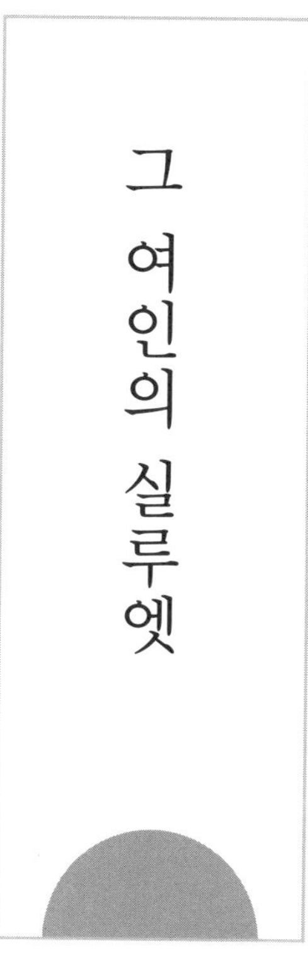

그 여인의 실루엣

임향식 시집

그루

시인의 말

서라벌의 하늘에 내 첫울음을 터트렸습니다
이요당二樂堂 산수당山水堂에 뿌리를 두고
남산 자락을 서성이며 꿈을 키웠지요
서책이 좋아 평생 끼고 살았지만
한 우물을 파지 못한 아쉬움이 큽니다

공주 성향의 딸을 낳아
항렬의 대열에 남장男裝으로 심어 놓은
아버지의 딸 사랑법은 이해 불가지만
분명 깊은 뜻이 있을 것이라 믿습니다
그 향기 나무香植 곧게 뻗어 꿈에 닿기를!
수없이 돋아나는 개명改名의 잔가지를 잘라내고
소중히 가꾸었습니다

아직은 아슴아슴한 길에
시의 망울이 수줍게 얼굴을 붉히고 있네요
개화開花하겠죠?

2020년 초봄
남산 아래에서 임향식

차례

3 탱자가 익을 무렵

4 촉

5 말 주머니

해설

1

서리꽃

쿵!

주소도 없이 여름을 발송해 버린 매미
울음을 삼키며 땅바닥을 뒹구는 건
단풍이 얼마나 아름다운지 모르기 때문이다

겹겹의 산등성은 바람의 스케치북이다

싸리나무, 붉나무, 개옻나무, 떡갈나무
소나무 타는 담쟁이

녹색의 삶에 빨강 주황 노랑
색색의 물감을 산자락에 풀어 놓고
가을 스케치 들어간 바람
억새의 붓끝으로 강약을 조절하며 흔든다

가을 끝에 선 여인이 붓끝 따라 흔들린다

고운 잎 하나 허공에 문채를 그리자
여인의 심장이 쿵! 수직으로 떨어진다, 그건
피안의 저 언덕 너머
설원이 얼마나 아름다운지 모르는 까닭이다

검색 중

허공에 구름 띠를 그리며
목청 높여 내닫던 선로 위의 소리꾼,
거기 있을까

더듬더듬 뒷걸음으로 플랫폼에 들어섰다
따뜻한 영접, 이별의 눈물도 없다
분주한 무표정들
젖은 손수건을 흔들며
흐려진 차창에 사랑을 그리던 손가락
스마트폰의 방아깨비다

우왕좌왕 길을 잃다가, 간이역을 그리다가
겨레의 상징인 무궁화를 보자 울컥
목이 메어 빠져들었다

우리 열차는 잠시 후 목화 역에 도착하겠습니다
승무원의 멘트가 흘러나오자
어느 시인 지망생이
'목화 역에서'란 습작 시로
카톡을 울리던 것이 생각났다

나는 눈물 한 방울에 카톡카톡
코스모스 맴도는 고추잠자리 옆에서
시 한 모금에 목을 축이며
그가 뿜어낸 뭉게구름을 낱낱이 검색 중이다

서리꽃

느닷없이
맥박이 느슨하게 뛰고 있다 왜?
펄펄 끓어 타는 냄새가 나도 좋을 시기에
그놈이 자꾸 한 박자를 죽였다
탱글탱글, 통통
튀는 맛을 즐기고도 싶었지만
바람이 한사코 등을 돌려세운다

나의 버킷리스트는
대중 앞에 당당하게 서는 것
방명록에 서명 한 번 제대로 못하는, 그것은
엄마의 필모그래피
이탓저탓, 바짝바짝 속을 태우자
공황장애라고, 흰 가운이 말했다
많이 힘들었겠다는 질문 아닌 질문에, 울컥
물 폭탄을 쏟아 내는 천둥 번개의 시간

당신의 웃음이 화살처럼 날카롭다
과녁은 늘 발등이었지, 아픈
내면 빼곡히 새겨 놓은 히에로글리프
공포의 장벽 앞에 해설이 불가하다

허투루 쓴 시간이 허공처럼 비어 있다
메울 여분을 주면, 아니
여전히 용기가 없을,
그때 놓친 한 박자가 평생 엇박자를 놓는다

불면

맥박이 빨라진다
초조함이 더해 간다
째깍째깍 째깍
새벽을 재촉하는 소리에……

까칠한 눈
무거운 삶을 눈꺼풀에 얹고
힘겹게 밀어 올리고 있다

절박한 그리움도 없는데
애타는 기다림도 없는데
잠이 들면 어쩌지!
날이 새면 어쩌지!

오늘도 수면제 한 알에
어두움을 삼키고
간신히 눈을 붙인다

고비

마음이 가끔 절벽을 오를 때가 있지

그만하면 가 볼 만한 길이라 생각하다가도
가을의 뒤안길이 소리꾼의 울대처럼 가파르다
밋밋하지 않은 굴곡이 스릴로 느껴질 때도 있지만
화려한 단풍의 뒷모습은 한파처럼 흩날린다

'다사다난'
힘든 고비를 넘는 자 처음으로 공감 중이다
이것이 생의 마지막 고비라는
응원의 소리마저 폭포처럼 속을 훑어 내리던……

김밥은 왜 옆구리가 터졌는지
손님은 왜 하필 그때 왔는지

우르르 몰려오는 낙엽에 난타당하고 있을 때

고비 사막에서 오아시스를 안고 온 바람이
엉킨 실타래를 술술 풀어냈다고 하는,

저녁 풍경

산 그림자가 지붕 위로 내려오면
굴뚝마다 몽글몽글 저녁 풍경을 그리지

엄마는 까만 무쇠솥에
쌀과 보리쌀 반반으로 밥을 지어
호박잎 얹어 찌고
뜸 드는 아궁이에 보글보글 된장을 끓이지
멍석 위에 두레상을 차리고
고추장에 박아 놓은 풋마늘장아찌를 곁들인
온 가족이 둘러앉은 꿀맛 같은 저녁상
숭늉 그릇에 별이 총총 내려오면
박꽃은 배시시 밤의 나침판이 되지

한 풍경이 빠져나간 창가
내가 엄마 자리에 앉은 낡은 식탁엔
밤과 낮의 경계에서
어둠을 쫓는 가로등의 휘둥그런 눈동자뿐
별도 박꽃도 웃음도 사라진
대추처럼 골진 두 부부 사이로

휑하니 들어앉은 냉기를 몰아내어
붉게 타는 저녁놀에 시詩를 점화하지

과식

배열을 맞추기 위해
어제를 먹은 사람이 있고
오늘을 먹는 사람이 있다
오늘을 듣는 귀는 산사의 풍경 소리
어제의 귀는 수수밭을 흔드는 바람 소리다

홍채虹彩의 조리개는 빛을 걸러내고
햇빛 싸라기는 골밀도를 높이지
혹은, 깨 모종이 될 수도 있고
등걸에서 버섯이 움틀 수도 있다

결속을 깨고
독립의 골이 깊어지는 고집
초침 소리에 경기驚起하는 눈꽃들
긁어도 달래도 탄력을 찾지 못하는 피부

식은 바람이 발자국을 지우며 따라온다
식는다는 건
습기란 습기를 다 증발해 버리는 것
자꾸자꾸 위축되는 것

헛헛한 과식이다

명당

—음택

태조산에서 출발한 행룡
출렁출렁 파도처럼 힘차게 내려와
증조산 솟았다 소조산 뛰어넘어
거친 숨 잠재우고 현무봉에 멈췄네

입수용은 부드럽고 매끈하게
살랑살랑 흔들며 혈장과 접맥하여
두 팔로 끌어안 듯 청룡 백호 빗장을 거네

골골이 흐르는 물 한곳으로 합수되어
안산은 나직이 아미사*로 띄워 놓고
멎은 듯 강물이 휘감아 돌아가네

일자문성 아랫길 어가 행렬 늘어서고
문필봉 기슭에 선비 묵향 피어나니
오색 토에 잠든 이여 나라를 구했었뇨

선익蟬翼**은 그대를 수호하고
햇살 받은 여의주 무지갯빛 발산하네!

*아미사 : 눈썹
**선익蟬翼 : 매미 날개(풍수지리 용어)

피어싱

“쥐구멍에도 볕 들 날 있다”

잘못한 것도 없는데
잡히면 죽을 것처럼
첩첩이 숨어 있던 것들이
공소 시효가 지난 기피자처럼
별을 달고 거리를 활보한다
대학로에도 반짝, 동성로에도 반짝반짝
물 만난 고기처럼
종횡무진 배꼽들,

“성인도 시속을 따른다”고
뚫어진 데 또 뚫어
나도 보석이나 달아 줄까
처음으로 관심을 가져 본 나의 배꼽점
그동안의 무관심이 서운한 듯
눈길이 엇갈리고 있다
거울로써 달래 보니
그 안에 그리움이 고였다

어머니의 진통 소리가 들린다

발화

그때 그 옆자리에서 전이가 된 게다

불꽃 한 송이, 제대로 피워 보지 못하고
시커먼 연기만 만들어내는
청솔에 짓눌린 여름 불도 아니었고
거세게 덮쳐 오는 겨울 산불도 아니었다

불인 듯 아지랑인 듯 가늠이 어려운,
자작자작 속 불을 피워 뒤란까지 내려온
다정이 병이 된 봄날의 산불
장막을 쳐 놓고
허둥지둥 집 불을 잡는다

잦아든 줄 알았지!
덜 꺼진 불씨를 안고 하릴없이 그의 곁에 얼찡대다가,

그냥 활활 태워 버릴까도 싶었지만,
노숙은 할 수 없어
자꾸만 되살아나는 불씨를 잡는다

찬물 한 샘을 산에다 뿌리고
찬물 한 샘을 집에다 뿌리고

마늘에 대하여

어쩌다 돌연변이 있을 수는 있겠지

지엄한 규율 속, 육 족을 이루고 사는 마을
빈틈없이 속을 채워 독특한 향 감추고
인디언의 지붕 모양을 초원으로 위장한 집성촌
그들이 없으면 우린 입맛을 잃어버릴지도 몰라
세계적인 인기몰이를 하면서도
넘치지 않는 성품, 겹겹이 자아를 숨기고
흙에 묻혀 사는 왕족의 의성 마늘

옛 선비들의 유배지!
남도에도 그들의 혈통*이 살고 있다
대쪽 같은 성품도 세월 따라 변천한 것일까
하릴없이 공부만 하다가 과부하에 걸렸을까
어그러진 규율 늘어난 발가락
남의 속도 모르고 육 족만 좋아하는 사람들에게
터진 속을 내보인다

* 혈통 : 남도의 마늘, 쪽수가 많고 밤송이처럼 터 벌어짐

연두

연둣빛 치마에 연노랑 아가씨는
그 보드라운 살갗에 조금씩 근육이 생기더니
팔랑팔랑 옷고름 뒤집으며 그렇게 갔다
봄비 내리던 날의 이별 노래가
잎마다 그렁그렁 거꾸로 매달렸던
흐느끼는 나무 밑에 차를 세우고
떨어지는 눈물을 발등으로 받은 것이
내 마음 외진 곳에 물길을 내며
그 길 따라 걸어가는 뒷모습 하나
유월의 녹음 속으로 푸르게 묻혀 갔다

2
탑마을

탑마을

내 첫걸음을 내딛던 골목길엔 탑 형제가 있었지

작은 탑에 모여 앉아 사금파리 주워 한 살림 차려 놓고
동드깨미하던 아이들
소년 소녀들은 큰 탑 위에 올라
"봄 처녀 제 오시네! 새 풀 옷을 입으셨네!"*
휘파람 반주에 시를 노래하며
저고리 안섶으로 분홍 꿈이 불거지던,
그들은 성인의 꼬리표를 달고 기찻길 따라 뿔뿔이 떠나갔지

주변의 집들이 덩달아 헐려 나가고

잘 다듬어진 잔디밭에 국보급 명찰을 달고
집성촌 우리의 정자(山水堂)를 지키는 탑 형제
탑 옆구리에 지치도록 간지럼을 태우던
그때 그들이 어스름 길 회환에 들었는데
한 곳만 바라보다 안목眼目이 흐려졌나
양피지에 긴 그림자를 드리운 채 침묵하는 탑 형제**

*이은상의 시
**탑 형제 : 경주시 남산동 탑마을 동서 삼층쌍탑, 보물 제124호

아버지의 마침표

정거장도 없는 공중 부양
파란 하늘 거기에 내 눈물 한 바가지 떠 있다

마냥 아버지가 좋았던 어린 시절
시간이 드나든 자리가 그다지 크지도 않은데
서녘이 입을 벌리고 태양을 빨아들이는 주변의 눈시울이 붉었다

내 울음과 꽃다운 스무 살을 매달고
"이제 가면 언제 오나 오실 날이나 일러 주오" 종구쟁이 앞소리에
"어화 어화 어허넘차 어화" 후렴이 이어지고
새끼줄에 돈을 꽂아 상두꾼의 신명을 돋우니
주춤주춤 뒷걸음질 돈줄이 춤을 춘다
색색의 만장을 휘날리며 피안으로 건너가신 아버지의 화려한 상여

별이 되고 싶었지,
내 미혼美魂을 누런 광목천으로 미봉彌縫했던
눈물에 뜬 항해는 이정표가 없었어!
마침표를 도돌이표로 고치면 가던 길 되돌아오시려나

대문 활짝 열렸는데
오늘도 기척 없는 하루가 저물어 가고
기다림에는 쉼표도 없었네

그 여인의 실루엣

그녀도 망개잎처럼 푸를 때가 있었다

보드라운 살갖을 가슴에 맞대고 아기에게 젖을 물린 엄
마는
자장가를 속으로 부른다

마당귀 채전菜田 울타리에 이슬받이로 내다 넌 옷가지들
자루 달린 양푼 같은 다리미에 숯불을 피워
엄마가 한 손 한 발로 서답을 잡고 다림질을 하면
어린 남매는 탱탱하게 맞잡아 수평을 만든다

불면에 걸린 나뭇가지 밤새도록 휘파람을 불고
부르르 부르르 문풍지도 서럽게 울던 긴 겨울밤
호롱불 벗 삼아 장단을 짚는 여인의 실루엣
또닥또닥 토도닥토도닥 한을 풀어내는 듯, 힘 있는 리듬
그도 그렇게 밤을 새웠다

창호지 밖으로 흘러나온 다듬이 소리는 어디로 갔을까

북두칠성이 퐁당퐁당 어둠을 퍼내어 쪽달의 낯을 씻기고
바글바글 별이 흐르는 은하수를 건너가는
잃어버린 그녀의 하얀 고무신 한 짝

어린 남매의 귀밑머리에도 어느덧 서리가 내리는데
뒤안으로 돌아간 엄마는 감감무소식이다

—2017년 매일신문 시니어문학상 당선작

새언니

시누이가 넷 시동생 하나
내가 초등학교 오 학년 때
육 남매 맏이로 시집온 우리 새언니
아이 하나 낳으면 시누이 하나 출가시키고
우리는 그렇게 오랫동안 아홉 식구였다

행신을 잘하여 집안 어른들께 인사 받던 새언니
대가족 건사에 힘들다가도
말 인심 한마디면 속이 다 풀린다던 착한 새언니
엄마한테 혼날까 봐 이런 저런 허물 다 덮어 주던 새언니

잘생긴 우리 오빠 잠시 잠깐 한눈판 걸
평생을 우려먹던
기 싸움 하나는 달인인 새언니
두 고집이 팽팽하게 균형이 맞았는데

무게를 줄이고 하늘을 날아오르려는 우리 오빠
가파르게 쏠리는 시소를 힘겹게 잡은 새언니

마주 앉은 저녁상이 노을빛에 기울고 있다

그 남자의 굴뚝

끼니때가 따로 없는
그 남자의 굴뚝엔 늘 연기가 났다
손에는 언제나 장작개비가 들려 있었고
먹성 좋은 아궁이는 주는 대로 흡입 중이다

고래를 통과하면서
시커먼 심보를 울컥울컥 쏟아 내어
메케한 맛 쓴맛을 억장같이 쌓아 놓고
반쯤은 해탈한 연기가
아무 일도 없었던 것처럼
굴뚝으로 희멀거니 빠져나간다

그 남자의 가슴은
로키산맥 최고봉에 있었나
보스토크 호수의 얼음장이었나

연기에 전 그를 저승사자처럼 생각하는 사람들
세상 어디에도 편히 설 곳이 없었다
자기 몸을 데웠을 뿐 의사의 판결은 참혹했지
대기 오염시킨 죄
최고형 사형 선고를 받은 오빠!

한 덩이 얼음이 되었다가
한 송이 불꽃이 되었다가
마지막 연기를 뿜는 볼이 미어터지는 중이다

서출지 일지

서출지는 노인과 편지, 동물들이 합심하여
신라 소지왕을 살려낸 아름다운 설화가 있는,
천 년을 거슬러 연꽃, 창포, 부초들을 키우며
이슬만 먹고도 유유자적하는
이요당二樂堂과 환상의 짝꿍이 되어 일지를 쓰고 있다

햇살이 물풀 사이에 들어 성장 면접을 하던 오후
연잎 방석에 앉은 청개구리 생뚱맞게 울어
구름 한 자락 여우비를 부추기고
물방개 부대가 바쁘게 빗방울을 그리기 시작하면
아이들은 고무신을 벗어 작은 연못을 퍼 나른다

여름밤, 이요당二樂堂 후손으로 못 둑 잔디밭에 모여 앉아
하늘이 쏟아 놓은 별에 연서를 쓰기도 했지!
"저 별은 나의 별, 저 별은 너의 별
별빛에 물들은 밤같이 까만 눈동자"*

거울 속 나이테를 하나씩 되짚어 가다 보면
어둠 속 빛살 같은 하얀 바지저고리의 애달픈 환영幻影
연못가에 앉은 아버지의 풍류가
낚시코에 걸려 정체 중이다

*독일 민요, 「두 개의 작은 별」 중에서

어느 날 문득

고향 집 마당에는
파란 하늘 담은 우물이 있었지
별이 가득 차 오르고
초승달이 보름달로 자라던
흰 구름 피어나는 하늘 우물이었지
일각문 밖에는
도라지 꽃망울 보랏빛으로 터지던,
수박 따다 두레박에 묶어
우물 속에 띄워 놓고
삼복더위를 견디는 방편으로 삼았지,
반듯하게 새집 지어 물길 찾아 창을 낸
아홉 식구 우리 가족 면경面鏡이었지
작별 인사도 못 하고 경황없이 떠나왔는데
낯선 얼굴에 너는 또 얼마나……
지척이 천 리더라
그렇게 조바심하면서도
그리워하면서도
네가 기다릴 거라곤 생각도 못 했는데
어느 날 문득!

계림

흰 닭이 홰를 치고
알지가 금궤 속에 태어나던 밤
금빛 광채가 숲 속 가득했다는
탄생의 비밀을 간직한 신성한 숲

하얗게 별이 쏟아지던
서라벌의 밤하늘을 비우고
빗살무늬로 찾아온 아침 햇살
흰 닭의 울음소리 메아리로 남은
금궤 번쩍이는 경주김씨(天子)
천 년의 가지 위에 걸렸다

헌강왕 능

왕릉인지! 돈 많은 민초인지

봉황대처럼 으리으리한 능을
비웃기라도 하는 듯
상석도 장식석도 없는
갓도 없이 초라한 비석 하나

그가 나라를 통치했을 땐
하늘이 도와 풍년이 들었지만
향락을 좋아했던 왕과 백성들

태평성대는 그 꼴을 보고만 있지는 않았다

경주 남산 자락 거대한 소나무 숲
그가 거기에 있다는 사실조차 아는 이 몇 없어
인적 외진 곳, 천 년의 침묵을 지킨다

한때는 소나무 위 백로가 진을 쳤던,

허리에 책보자기 동여매고
달그락달그락 필통 소리 흔들며 오가던 소녀
타향에서 인생 끝자락을 향해 멀어져 가고
백로가 한 시대를 살다 떠난 지 오래여도

왕은 말이 없고 솔숲만 무성하다

고무신 배

뾰족뾰족 봄이 돋아 나오고
바람은 실개천에 살구꽃 잔가지를 흔드네

도랑물이 꽃잎 승객을 싣고 노래를 부르며 흘러가자
아이들도 고무신을 벗어 배를 띄우고
물길 따라 깔깔대며 따라갔지
풀꽃이 마중하고 새들이 환호하는
초승달 돛을 달고 출발한 그 길

여울을 만나 신바람이 나기도 했지만
강풍을 만났을 땐 가슴이 출렁거렸지
가시넝쿨에 걸려 핏물이 물풀처럼 흘러내리다
소용돌이 속으로 쉽게 풀려나기도 하는

만월이 지나간 머리에 밤꽃을 이고 어디쯤 왔을까
바다를 향한 강가에 갈대가 하얀 손을 흔드네
한통속이 될 그 길 끝에서 그믐달로 기우면
연어 떼처럼 물길을 거슬러 오를 수도 없는데

자꾸만 뒤돌아보는 고향!

꿈

산 좋고 물 맑은 남산
자락길 햇살 밭에
여물과 황토를 반죽하여,
나지막한 흙집을 남향으로 앉혀 볼까
돌을 넣은 토담 위에 이엉을 덮고,
나뭇가지를 엮어 바람이 드나드는 성근 사립문을 달아 볼까
마당에는 삽과 호미로 텃밭을 일구어
노루랑 산토끼랑 나눠 먹을 채소밭을 만들고, 그 옆에
반질반질 윤이 나는 장독을 들여놓으면
이른 봄 맑은 물로 장을 담가
새끼줄에 숯과 고추를 끼워 금줄을 치고
파란 하늘과 붉은 해를 담아 숙성시켜 볼까나

추운 겨울 함박눈이 내려앉을,
장독은 의자로 내어 주고
눈을 받은 소나무도 눈꽃의 무게에 휘어지듯 서러운,
다람쥐 청설모가 굶주려 찾아들면
따뜻한 부뚜막에 땅콩 밥상을 차려 주고

티끌만 한 흠도 없는 순백의 대지 위에
그와 나의 발자국을 찍어 볼까
눈으로 세수하고
목이 마르면 배 속이 하얗도록 눈을 먹고
어둠이 찾아들지 못하게 미로를 내어
루돌프 코를 닮은 빨간 우체통을 문패로 달아 볼까?
까치가 사랑을 배달하면 어쩔 거나!
눈이 다 녹아 버리면 어쩔 거나!

가을로 가는 기차

잡히지 않는 마음이 혼자 떠도네
기차에 신들린 그는
차창마다 숨구멍을 내어 바람과 소통하지!

연기를 뿜어내어 뭉게구름을 만드는 건
파란 하늘에 목화꽃을 피우는 증기기관차의 예능
칙칙거리며
푹푹거리며
꾀액~ 첫 행을 긋는 신호음을 울린다

바람에 누운 풀들이 줄행랑을 놓고
황금 들판 가로질러 건널목을 만나면 딸랑딸랑
참새 떼 쫓던 허수아비 깜박 낮잠을 깨우지
간이역 들어서니 줄지어 기다리는
코스모스 승객이 창문마다 가득하다

만차라고 쓴 깃발을 높이 올리고
일기일회一期一會*라는 문장이 행간 속으로 걸어 나오자
억새의 붉은 손이 기약 없이 흔들린다

고운 옷 갈아입은, 산모롱이 돌아간 기차는
어디로 사라졌나!
터널을 빠져나온 단풍이 오색 물결을 이루고
내 마음은 돌려받지도 못했는데,
옛날로 회귀하는 기적 소리만 요란하다

*일기일회一期一會 : 평생에 한 번 만남

3
탱자가 익을 무렵

지붕 따라 세월 따라

초가지붕 아래에는
삼대가 한방향으로 원을 그리며
따뜻한 아랫목에 인정이 있고
청빈한 선비와 가난한 사람들이 모여 살았지!

골 깊은 와가瓦家에는
위풍당당 사대부가 있고
쩡쩡 울리는 기상이 있고 긴 담뱃대가 있었지
가끔, 돈으로 행세하는 반 토막 양반들
낯 뜨거운 허세는 한 편의 콩트였어

사각 지붕 안에는
장유유서長幼有序가 뒤집혔나
부모는 배제排除하고 자녀가 상전이니
자子는 있고, 부父는 없는 부자유친父子有親은?
독신이 범람하고 개판* 치는 이 나라는?

모두 어디로 가고 있나!

*개판 : 애완견

탱자가 익을 무렵

여자 셋 강둑에서 꽃잎처럼 날리고 있다

메뚜기 쫓다 코스모스 옆에 푹석 주저앉아
억새의 유혹에 흔들려 보다가
단풍에 속마음 들켜 얼굴 붉히기도 하는
가을볕에 익어 가는 풋사과 같은 그녀들!

탱자 울타리 밭둑 길, 사내 하나 흘깃흘깃 지나간다

지나친 길 되돌아온 남자
—냄새 좋지요?
노랗게 익은 탱자를 코 앞에 내밀며
자연스럽게 말을 버무리자
그녀들의 가슴이 봄꽃처럼 벙글었다

노닥노닥 해가 기울어 자리를 털고 일어나자
그 남자! 서운한 마음 옮겨 적은 얼굴로
뜬금없는 제안을 한다
—내년 가을 이날에 또 만나요

반세기 동안 여인들은 가끔 그를 거론한 적 있다
도시가 그곳을 덮고 지나갔지만,
아직도 거기에 살까?

흰머리가 덥수룩하겠다

바람

자정이 지날 무렵 그럼에도 불구하고
시계는 왕성하게 활동 중
잠은 외출 중

또르르
가랑잎을 몰고 가는 너는 누구?
문 앞에 떨어져 삐뚤빼뚤 소리 내어 울었을 동전 한 닢,
돌려줘야 한다는 핑계 같은 속내

불면으로 밤거리에 내몰린 두 눈 부릅뜬 헤드라이트 질주

몽롱한 풍경이 떴다
골목길처럼 꼬인 문장으로
혼잣말을 흔들며 담벼락에 시를 쓰는 사람

달빛을 가려 주는 센스쟁이 구름에
나도 한 부탁, (윙크)

수면의 집 앞에서 박동을 조절하며
대문 틈새 얼굴을 붙였다, 그리고 눈동자를 굴렸다
방에는 불이 꺼져 있었고 댓돌 위에 그의 신발이 밝다
단잠을 깨우려 잡고 온 동전을 화살처럼 던졌다
댕그랑~

소리가 잦아들자 새벽이 싸늘하게 식었다

발자국을 인감처럼 찍어 놓고
자꾸만 돌아보는 마을을 달랜다

소리를 돌려받은 타이밍을 놓친 바람아!

황금 반죽

화장실이 어머니를 지우던 날

생각도 체면도 다 버린 채
오로지 생의 마지막 과제에만 충실하셨던 어머니
요강은 어머니의 장난감이었지
황금을 낳아 보배처럼 잘도 가지고 노신다
쏟았다 퍼담기를 반복하며 잃어버린 기억을 찾으시나!
방바닥에 몰래몰래 써 놓은 유장悠長한 기록들
아무리 난해해도 오독은 금물이지
한 생을 갈무리 중이니까

어머니의 손은 노랗게 익어 가고……

룸메이트 손녀가 향기에 밀려나자
밤마다 두견이 되어 버린 어머니!

동강 난 잠을 잇는 고3 딸의 애타던 밤은
닳아진 돌쩌귀도 같이 울었다

깨어진 황금 알을 고부의 합작으로 반죽한 삼 년
남편의 멋쩍은 한마디!

당신의 후각 장애가 치매 바라지의 일등 공신이었어

그 여인

한국의 명시도 좋고
세계의 명시도 좋고
틈틈이 필사해 두었던 노트 한 권 달랑 들고
간이역 하나도 놓치지 않는 완행열차를 타고 싶었지만
그건 시대착오적인 생각일 뿐
차라리 초고속으로 달려 보기로 했다

KTX 역방향과 순방향의 중간,
낯선 얼굴 네 명이 초읽기 면접 중이다
속눈썹을 부스대며 자는 척 어깨를 젖힌 남자
책 읽는 여자의 주파수는 척에 맞춘 듯
이어폰 아가씨의 스마트폰 난타는 계속되고
무언의 상견례가 끝난 옛 여자는
풍수지리 잣대로 풍경을 훑으며
빠르게 지나가는 전봇대에 추억을 매달고……

정차하는 동안, 독방이 되었나 했는데
옆 테이블에 앉은 여인이 마주 보는 좌석으로 건너와
여행 가방을 탁자 위에 무장 해제시켜 놓자
가출한 옷가지와 소지품이 난전처럼 부산하다

마치 마지막 옷장을 정리하듯

서울역 4번 출구 소문난 연세빌딩 봉촌 순댓국
배곯던 시절에 먹던 국밥이 당당 맛집!
찌뿌둥한 기분을 말끔히 씻어주었고
그 여인을 예쁘게 시詩 속으로 들여앉히자
돌아오는 열차는

꽃잎처럼 달리고 있었다

하트 군단

‘임진왜란’ 가토 기요마사의 선봉장으로
부산항에 들어와
며칠만에 우리의 장수로 귀화한,
평소 조선의 문물을 흠모했던 사야가

영웅과 역적 사이
종이 한 장 뒤집기처럼 쉽지만은 않았을 텐데
그의 가슴이 반란을 일으킨 건,
명분 없는 침략 전쟁을 거부하고
인륜 중시 사상을 좇은, 그것은
정의에 불타는 청년의 양심선언이었다

아름다운 가을빛을 머금은 녹동서원
곧게 뻗은 나무는 장군의 기개를 말해 주고
개구리도 숨죽인 연못엔
그의 넋이 연꽃으로 피어오르지

장군을 기리는 이들이 그곳에 모여드니
방죽 따라 피어난 억새꽃이 온몸으로 환영하고
구절초에 맺힌 이슬이 뜨거운 핏물로 구른다

빨갛게 감이 익어 가는 사이사이
노란 은행잎이 꽃잎처럼 내려앉는 건
아직도 못다 한 사랑을 대한으로 전송하는
김충선 장군의 하트 군단이다

흑백 사진

가게 한편이 그믐처럼 까맣다
한 번은 활활 타올라 자신을 밝힐 준비를 하고
아홉 개의 숨구멍이 집게 손을 기다린다

진열대 위에는 뻥튀기 봉지가 버석거리고
유리병 속에선 알사탕이 달그락거리고
뽀빠이, 자야가 10원
초코빵 크림빵이 10원
라면땅!
총소리를 낸다고 십 원을 더 주나,

성냥, 양초, 사카린, 소다, 이스트
그래도 있을 건 다 있네
통조림 몇 개가
높은 곳에 앉아서 양반처럼 의젓하다

문밖에선, 앉은뱅이 화덕을 놓고
쪽자에 설탕을 넣어 연신 젓고 있는 할머니와
이마를 맞대고 앉은 아이들

김을 뿜어내며 호객 행위를 하는 호빵,

연탄 배달 갔다가 천 원짜리 몇 장 들고 돌아온
할아버지의 까만 얼굴에 하얀 이빨의 사진 한 장

하늘 열차

—대구도시철도 3호선

기차도 아닌 것이
버스도 아닌 것이
지하철 명패 달고
하늘을 떠가네

달빛에 토끼처럼
오종종 모여 앉아
두둥실 구경에
휘둥그런 눈동자

스마트폰 펼쳐서
초승달 낚는 야경
희망도 한 컷
낭만도 한 컷

대봉교 이층 철교
허공을 왕래하는
마술을 보는 듯
작달막한 전동차

하늘을 내달는 아스라한 철길!

이정표

빗물인가
눈물인가
담벼락을 적시는 얼룩들아
밤사이,
담장 위에 소복이 쌓인 눈
햇살에 녹아나는 글썽이는 눈물들아
바닷길이 멀어서 길을 잃은 눈물들아

형체도 없이 녹아내린
눈이 부러운,
겨울 공원 벤치에서 햇빛을 구걸하는 노숙자
한때는 분주했을 발걸음
이정표를 잃어버린 굳어 버린 걸음들아
가슴에 얼어붙은 눈물들아

강풍에 실어 오나! 무료 급식 밥차

이웃 나라

—어머니! 대마도 가실래요?

방학 때 아이들 바람도 쐬어 줄 겸 문학기행 삼아 다녀오자며 일정표를 내미는 며느리, 편견 탓인지 선뜻 내키지 않는다. 덕혜옹주의 분통 터지는 결혼기념 봉축비 한국을 보는 전망대, 왜? 36년간이나 그들의 배 속에서 영혼도 육신도, 간신히 뼈만 추스른 우리 민족, 어쩌면 우리 땅일지도 모를 대마도, 해외여행 문학기행 타이틀이 아깝다.

그날 하필 한파에 바람이 회오리 같다
갈기를 휘두르는 바닷길에서
철없는 내 강아지들 기우뚱기우뚱 잘 버텨내려나
강풍에 입이 바짝바짝 마른다

이웃이여! 독도를 보고 짖지 말고
숨겨 둔 꼬리나 내어 놓으시게
댕강 자를 수는 없어도
반성의 여지를 두면 사촌이 될 수는 있지 않겠나!

엄마야

본래 자격 미달인 엄마였다

맞벌이하는 딸에게
엄마 노릇 한 번 해 볼까 싶어
큰맘 먹고 2년 만에 딸 집에 갔다
항상 에너지가 부족한 체질이라
도움은커녕 걱정만 시킨 건 아닌지

며칠 전 초등학교 입학한,
외손자 데리러 학교에 가다가
집 앞에서 곤두박질을 쳤다
순식간에 일어난 일이었는데
도무지 근거가 없다
두 개의 발이,
하나가 걸렸으면 하나는 중심을 잡아야지
걸린 발에 발을 걸어 강도를 높인다
한 손을 땅바닥에 짚자
폰을 잡은 손이 그걸 놓치지 않으려고
그 짧은 시간에도 머리는 계산했나 보다

몸이 한쪽으로 쏠리어
길바닥에 얼굴을 처박았다
엄마야……
엄마 돌아가신 지 언젠데
가맣게 잊고 살았는데
엄마 나이가 되어도 다급한 순간엔 엄마를 찾네,
엄마야!
얼마나 정겨운 이름인가!
목구멍에 뜨거운 무엇이 치받쳐 오른다
나는 펑펑 울었다
아파서 울고,
엄마 생각에 울었다

딸아! 변변찮은 엄마라서 미안해
그래도 울어 줄 수 있겠니?

이 뭣꼬?

세 번은 갔다 와야 극락 문이 열린다는
하늘에 맞닿은 설악산 봉정암

백담사에서 시작된 비단 자락 같은 보행로
한편으로는 유리알 같은 천川이 흐르고
또 한편은 하늘을 향해 솟아오른 아름드리 적송들,
무릉도원을 들어가듯 경쾌한 발걸음 뒤로
졸졸 따라오는 다람쥐들의 행렬
빵 조각을 꺼내려 배낭 끈을 수없이 풀었다 접었다

이끼처럼 끼어 있는 내 안의 때를 씻어 내리나
암반 위에 거침없이 쏟아 붓는 하얀 폭포, 폭포들
운무가 산허리를 감아 도니
바람이 불경을 외며 따라가네

시간이 지날수록 뻣뻣하게 굳어 가는 다리
우의를 입은 몸엔 땀이 질퍽이고
길은 가파르게 곤두서네
한 발 두 발 때로는 네발로 기며

깔딱 고개에서 깔딱 넘어가려는 목숨줄을 잡고
마지막 발심을 내 본다

신새벽 비는 끊임없이 쏟아지는데
동냥 그릇을 내밀고 사리탑에 엎드렸다
밤을 새운 저 수백 명, 객들은 화두의 답을 얻었을까?

나의 기도 그릇엔 가족들의 얼굴만 보름달같이 떴다

4

족

촉

—이정희 수필가에게

해는 산을 넘다 반쯤 남은 얼굴로 돌아보는데
그는 무어라 인사말을 해야 할지 떠오르지 않아
그냥 미소로 답례하고 손을 흔들고 있었다

머리카락을 연주하는 바람의 건반 위에
어둠이 내리기 전 숲은, 강아지와 산책 나온 여인을
아카시아 향기 깔아 놓은 오솔길로 데려간다

산 그림자는 그녀를 지나쳐 마을로 내려갔지만
먼 산엔 아직 빛이 남아 있어
가볍지도 무겁지도 않은 사색하기 좋은 시간

느낌표를 나누어 함께 울고 함께 웃던 한없이 여린,
쥐프를 좋아하는 그녀는 오늘도 긴 치마에 카디건,
어깨를 덮은 머리에 모자를 썼겠다

노을 속에 한가로운 숲, 혼자는 너무 아까워
내 생각을 담은 사진과 메시지를 톡으로 보냈는데
사내의 유혹보다도 가슴을 관통하는 그녀의 촉이 더 깊었다

혜승慧承 스님

높은 산, 돌 틈 사이
두 평 남짓 작은 방
남쪽으로 창을 내어 관觀을 트셨네

적천사 은행나무 눈 아래 차 오르고
구름을 몰고 가는 그림자
참선에 든 유리창에 바람꽃을 피우네

밤사이 함초롬히 이슬에 젖었다가
일출을 담아내어 젖은 맘 말리시나

겨울 산 빈 골짜기 매 한 마리 날아올라
공회전 하다가 능선을 넘어가고

바다 없는 등대에서
매를 좇던 시선은 어디에 멎으셨나!

해후

그칠 수 없는 비가 오네요
내 기다림처럼
가지런히 줄을 서서 오는 봄비는
당신의 창에도 빗발을 치겠네요
나무들의 웃음소리가 들려요
뚝뚝 눈물을 떨구기도 해요
해후의 눈물이겠죠

가슴은 늘 편지를 써요
봄을 기다리는 거죠
절벽 아래 홀로 핀 상사화의 전설처럼
막연한 그리움이 있어요
보이지도, 찾을 수도 없어요,
자꾸 멀어져요, 바람에 날려요
올까요, 봄!

태양에게

—가뭄

지난겨울이었죠
냉랭한 성깔을 휘모리장단으로 몰아붙이던 당신
꽁꽁 얼어 버릴까 봐
해바라기가 되기도 했지요

눈이 부셔 쳐다볼 수도 없는 당신
정작 이 여름, 어쩌자고
이토록 뜨거운 사랑을 퍼붓는지요
구름 이불을 덮어요
뇌성을 치며 펑펑 울어 봐요

울다가 웃다가 여우비는 사양할래요
굵직한 장대비로 열을 식혀 주소서
상큼한 소낙비도 좋아요

카멜레온처럼 갖가지 색깔론을 펴신
그 가을의 당신도 좋았지만,
이른 봄 개나리 꽃잎같이 옹기종기 입을 모으던
봄날의 속삭임이 더욱 좋았습니다

거북 등 같은 가슴에

넘치지 않는 빠듯한 사랑을 주시면 안 될까요?

부재不在

수화기를 들었다
당연히 못 받는 전화인 줄 알면서도
그냥 걸어 보고 싶었다
남자가 받는다
너무 보고 싶어요
외간 남자에게 눈물 콧물 다 쏟아 내며 펑펑 울었다

남편이 멀거니 지켜보고 있다

갑자기 떠나보낸 그를, 십 년을 곱씹어도
울컥울컥 치솟는 그리움 잠재울 수 없어
친구가 부재중인 집,
남은 식구는 어떻게 살고 있는지

그 남자
그때 그 펄펄하던 기상은 어디 가고
외로움에 젖은 노쇠한 목소리
내가 못 잊어 아픈 친구의 남편이었다

이승과 저승의 거리는 얼마나 될까
강산이 변하여도 그리움의 두께는 그냥인데
거긴 어떤 세상이니? 친구야 너무 보고 싶다

천사의 손

번호표 9번 들고 태어난 막내

홍역의 덫에 걸려 삼 남매가 누락되자
생존 대열에선 당당히 6번으로 갱신했던 의연함
그러나 간격을 좁히지는 못했다

어릴 때 떠나신 아버지의 길은 휘어져 보이지 않고
엄마는 논두렁 밭두렁 눈물 자국 찍으시며
저를 어쩌나! 노심초사하셨지
엄마에겐 아픈 손가락이었지만
학교에서도 사회에서도 우등생이었던 그는
총명하고 지혜로운, 따뜻한 눈을 가진 천사였다

샐러리맨 남편 만나 빠듯한 생활 속에서도
홀몸 노인을 찾아
도시락을 전달하는 자원봉사자로
달성공원에서, 희망의 집에서
수백 명의 먹거리를 담당하는 천사의 손

나눔의 순간이 행복 중에 으뜸이라는 그녀 앞에서
매니큐어 바른 내 손은 숨바꼭질 중이다

오늘 같은 날은

오늘같이 비가 오는 날은
운산을 빗금으로 허공에 길을 내며
떨어지는 빗줄기가 보고 싶다
창이 넓은 서실에 가고 싶다
찻잔의 열기가 손끝으로 전해 오는
녹차 향보다 짙은 그 사람이 보고 싶다

오늘같이 비가 오는 날은
그림자를 잃은 나뭇잎이 온종일 글썽이는
참나무가 무성한 그곳에 가고 싶다
빠르게 지나가는 시간을 묶고
난향과 묵향이 춤을 추는
그대 옆에 숨죽여 있고 싶다

목련

내 친구는 오늘도 서울 가고 없다

긴 겨울을 인내한 빈 가지에
목련꽃 한 송이 고고히 피었다
꽃 피는 시절이야 짧고 짧은데
꽃샘바람은 어찌하여 목을 비트나

목이 잘려 바닥에 내동댕이쳐져도
기품 잃지 않고 흐트러지지 않고

순리를 거역한 바람아! 똥 묻은 것들아!
귀에 걸었다가 코에 걸었다가
어찌, 떨어진 꽃송이에 난타를 쳐
이 봄 시퍼렇게 피멍을 들이나

고무신 갈아 신고 구치소로 쓸려 간,
그녀가 벗어 놓은 구두 찾아 대한문으로
내 친구는 오늘도 서울 갔다

2017년 3월

뻘밭

속내를 모르겠어,
들문*에 드는 것이 그렇게 어려운지
저절로 미끄러질 가파른 비탈길
구 불 텅 겁을 먹었나?
미로가 아니야 가다 보면 출구가 있어,

해거리로 투시경을 갖다 대는 사람들
표정이 심상치 않아
그 안에 진주가 생겼데

자꾸만 조바심이 나더라
자랑질하다가 또 걸려든 건 사실이야,
정신을 빼으려고 슬렁슬렁 눈치를 보고 있어
그분들의 노고와 고마움도 알아
그냥 배가 아파서 그래!

속이 분답다
입으로 들어가는 것들아
제발 힘들게 역류하지 마라

너도 그렇다
순리대로 소통했으면 뻘밭이 됐겠니?
진주**가 생겼겠니?

*들문 : 식도에서 위로 이어지는 부위
**진주 : 폴립

참선에 든 돌

수천 명의 사미승이 참선에 들었다

은하에는 별들이
영실천엔 돌들이

'님의 침묵'을 집필하신
만해의 고독이 깃든 그곳
거울 같은 맑은 물은 정심지, 회향*이요
양쪽을 지켜 선 울창한 노송은
선지식의 기량인 듯
스승은 사미승을 강바닥에 화두처럼 던져 놓았다

닦을수록 반짝반짝 윤이 나는 돌
번뇌의 통로를 차단하고
작은 틈이라도 생기면 호되게 육신을 굴려
둥글둥글 마음을 다잡는다
분별없는 바람은 스님의 가사 장삼을 흔드는데

스님은 장승처럼 꼿꼿하다

*정심지 : 번뇌를 떠나 마음이 청정하게 된 단계
회향 : 스스로 닦은 공덕을 중생에게 돌리거나 함께 함

인생이란

영아! 괜찮아?
산다는 것이
마음대로 뜻대로 되는 건 아니지만
그래도 이만하면 살 만한 세상이지 않니?
평평한 대로 직선만 있으면 무슨 재미
자갈길 가시밭길 두들기며 헤치며
허우허우 산을 넘고 굽은 길 돌아서 강물 따라가는 거지
사랑도 해 보고 아파도 보고

나이를 먹는다는 건
추억을 만들어 가는 것
나무는 나이테를 속으로 쟁이지만
사람은, 얼굴을 간판 삼아 한 줄 한 줄 시를 쓰지
물소리 새소리 바람 소리 천둥소리
지우개로 지운다고 세월이 지워지나
각기 다른 이야기를 끊임없이 쓰다 보면 잉걸불이 되겠지
더욱 붉어지겠지

너는 누구인가?

애틋한 마음도 아닌데
떨쳐 버릴 수 없는 너
무심한 일상 속에서도
문득 떠오르는 너

냉기가 채 가시지도 않은
이른 봄 강나루에서
물살을 거슬러 손이 부르트도록
노를 저어 주던 유일한 너

쪽빛 하늘 조각구름 사이로
해맑은 코스모스 찾아
황금 들판 바람을 가르던
홀연히 사라진 너

아련히 그리움으로 다가서는
향기로운 봄 내음 속에서도
낙엽이 쌓이는
가을의 끝자락에서도
생각이 난다, 얼굴 없는 너!

5
말 주머니

말 주머니

호주머니 뒤집듯 홀딱 뒤집어 버렸다
걸러내지 못한 것들이 앞 다투어 쏟아진다
얼마나 답답했으면,
쏟아진 것들이 더 아우성이다
발 달린 것들!
분간 없이 돌아다니다
구정물 뒤집어쓰고 돌아오면 어쩌나!

게워낸 숫자만큼 공간이 생길 줄 알았는데

입속은 여전히 달그락달그락
어떤 이는 입 안에 가시라 하고
어떤 이는 부처가 될 돌이라고 하네
뱉어야 하나!
삼켜야 하나!
수면제는 밤마다 시위하는데
잡을 수 없는, 달려가는 저 말, 말, 말

아름다운 추락

지는 것은 화려한 아픔이지

연둣빛이 아랫도리를 감쌀 겨를도 없이
수두처럼 부풀어 오른 꽃망울들,
눈 한 번 깜박하다 놓쳐 버린 만개의 시간
바람 한 자락에 눈꽃처럼 흩날리는 벚꽃잎이 그랬지

여름밤 쥐똥나무 숲에는 은하의 그것처럼
엇갈려 깜박이는 반딧불이 축제
그들의 잔치에 폭죽을 쏘아 올린 듯
허공을 가르며 떨어지는 별똥별이 그랬지

마지막 에너지 다 쏟아 불태운 화려한 잎새들
공중회전을 하며 여유를 부리지만
바람의 속도가 빨라지면
와르르 쏟아지는 단풍잎이 그랬지

양로원 지붕 위에 하얗게 눈이 내려 묵은 얼룩 지우고
지워진 정수리 무채색으로 먹먹할 때
노을을 배경으로 방향 등을 켜는
서녘이 제시한 붉은 석양이 그랬지

평행선

중요한 건 N극도 S극도 없다는 것

인물 되고 몸매 되고 능력 되는 남자
부모에게 등 떠밀려 평행선을 그은 여자
남자는 물 대신 술을 마시기 시작했다

밤마다 뜨거워지는 그에게 맞불의 불씨는 없고
나란히 달리는 캄캄한 터널 속
수면제 한 알 물고 공포의 질주

여자는 활화산이 되는 꿈을 한 번도 꿔 보지 않았을까

가끔 궤도를 이탈하고도 의기양양 그 남자,

여자는 평생 그의 허물을 언급하지 않았다

이목을 중시하고 결벽증에다
공주 놀이가 특기인 여자
안락한 가정 행복으로 포장하여
영하의 온도에서 아이 둘 키워내며
죽을 만큼 인내한 자격증 하나,

써 봄 직도 한데

돈 주고 판 버섯

오늘 버섯 세 송이를
비싼 값을 주고 팔았다

건강에 좋은 버섯
종류도 다양하지만
내가 가진 버섯은
송이, 느타리, 꽃구름이 아니라
모양도 향기도, 시장에도 없는
희한한 버섯이다

종균도 넣지 않았는데

세월에 밀린 주름살이
나이테로 보이더냐
말 안 하고 있으니까
참나무로 보이더냐

어디에서 날아와 겁도 없이
남의 면상에다
색깔도 칙칙한 검버섯을 피우나,

돈 부쳐 팔았지만 그래도
살 사람이 있어서 불행 중 다행이다

욜로 라이프

문득 편도 통행권이란 걸 떠올린 것이다
한 걸음도 되돌릴 수 없는,

쇠퇴기에 서서 뭘 그리 두리번거리나,

허방에 빠져 본 울보는 돌다리도 두드리며 건너가지,
가다가 얼룩 같은 사람이라도 맞닥뜨려 봐
그의 인사는 손등일까? 손바닥일까?

혹은, 그렇게 친한 척 팔짱을 끼면
그 체온에 대하여 일제히 솟아오를 소름들
까칠한 시위대를 맞붙여 놓고 까르륵까르륵

자꾸만 까마귀가 웃는다

듣기 싫은 것에 대하여 망연히 귀를 씻는
오늘도 벽 앞에서 사시나무는 무죄라고
욜로, 욜로 라이프를 되뇌어 보지만
관계도 여유도 불투명한 미래 앞에서
욜로! 가능할까?

겨울 산

홀랑 벗어 버렸다

라인도 볼륨도
투명한 알몸으로 섰는데
아무도 보이지 않네

여름날 초록의 이불 속에서
갖가지 소리를 내며
무수히 꿈틀거리던, 그들은
모두 어디로 갔지

세찬 바람의 마찰에
윙윙 아프게 울지만,
겨울 산!
비밀 없는 너의 속살이
그냥 좋다!

숲 속의 남자

언제부터 그 남자의 숲이었는지는 모른다
왜 인적이 드문 숲 속에 꿈을 묻었는지도 모른다
산과 산, 두 다리를 쩍 벌리고 누워 있는 사람처럼
말하자면 여자의 자궁 같은 골짜기에서,
굴착기를 몰고 안개와 어둠을 걷어내는 작업에 몰두 중이다

꿈이 싹트는 소리가 미미하게 들리자
그 남자의 땀방울에 조금씩 가속도가 붙기 시작하고
골짜기를 지켜 오던 주목들이 송두리째 뽑혀 나가자
곤줄박이, 오목눈이 이사를 가 버렸다
그도 참 많이 서운한 모양이다
일손을 멈추고 끊으려 맘먹었던 담배를 한 모금 길게 빨아들였다가
새들이 날아간 곳을 바라보며 후 불어낸다

'그래! 잠시만 기다려 줄래?'
운무의 길 틔우는 간벌이 끝나면
성기게 엮은 사립문을 열어, 태양을 들여놓고
꿈이 설계한 그 집으로 너희들을 다시 불러올 거야

뿜어낸 연기가 몽글몽글 활자가 되어 날아간다

붉은 장미

바람처럼 분주하지도 않게
빗소리처럼 요란하지도 않게
사뿐사뿐 솜사탕처럼 그렇게 왔다
서두르지 않아도 단박에 정들게
조곤조곤 속삭이며 그렇게 왔다

그러니까, 난
경계 같은 건 처음부터 없었어
마주할 땐 그가 궁금하지 않게
눈동자에 마음을 담아 주고
소리로 전해 오면 귀를 열어 주고
내시경을 보듯 통째로 속을 내주었다
간도 쓸개도,

폭탄이 떨어진 건 천재지변이었나
퍼붓는 소나기에 불어 터진 충혈
옷자락을 잡은 손가락에 힘이 풀린다

비 사이로 용하게도 빠져나가는
바짝 마른 그녀의 치마 끝에
언뜻 내미는 붉은 꼬리!

석류

말부터 텄으면 좋았을걸
입속에 볼록 말을 머금고
입술만 뾰족이 내밀었던 것이
그것이 불통일 줄 그때는 몰랐어요

벙어린 줄 모르고
알콩달콩 눈빛으로 소통하며
무언의 매력에 무한정 붉어지던
그것이 불통일 줄 그때는 몰랐어요

꼬깃꼬깃 삭히지 못한 말
알알이 영글어 석류석*이 되었네
각색하여 나열한 빨간 문장들
그것이 사랑일 줄 그때는 몰랐어요

* 석류석 : 1월의 탄생석 가넷

가을 편지

파란 바탕색을 넘기면
갖가지 문양의 구름 떼

누가 보낸 연서일까!
하얀 붓끝으로 촘촘하고 정교하게
조각조각 찢어 놓은 저 난독은,

고향 떠난 친구일까
불법 같은 첫사랑일까

하늘은 제 모습을 연못에 풀어 놓고
연못은 내 마음 허공에 띄웠네

꾼들

월아! 넌 내 울음소리가 들리지 않니?

눈앞에 알짱거리는 사람 아닌 사람들
보고 싶지 않아도
날개 꺾인 내 꿈과 평생 싸우고 있는,
멍든 얼굴이 여럿이다

일일이 열거할 수 없지만, 그중에
죽음 직전까지 몰고 갔던 사기꾼
남의 사업장에 들어와 기둥뿌리까지 뽑아 간
겁나게 머리 좋은 놈
그렇게 잘생긴 놈은 그때도 지금도 본 적이 없다
미워할 수 없는 인간아
잘살고 있기나 하냐?

장한 놈, 한 놈 더

재활의 아픔을 추스르는 동안
위로와 사랑으로 다독여 주어

고마운 사촌으로 알고 빗장을 열었다가 속까지 파먹혔다
법 없이도 살 수 있는
성실한 내 남편의 성공을 예시豫示하며
얇은 귀를 노렸던 거지
말하자면 키워서 잡았다고나 할까
집 한 채하고도 웃돈 얹어 사기 쳐 간,
사법서사* 사무장 ○○○

어설픈 사기 행각에 걸려들었다고 비웃지 마라
네놈을 풀어 준 건 부처님의 인간 방생이었다
콩밥도 아까운 인간아 면죄부를 줬으니
속죄하는 마음으로 살아라

주먹이 웃을 때까지

*사법서사 : 현 법무사

책장을 넘기며

나는 내용 없는 책장을 넘긴 적 있다

얼떨결에 받아 든 두툼한 책 속엔 까르르 웃음꽃이 피었고
연둣빛 꽃받침을 넘기자 울창한 숲으로 이어지는 녹색지대가 있었다
숲 속에 둥지를 틀어 새끼를 키우며 먹이를 찾는 동안
까치가 아침 문안을 할 때가 많았고, 가끔 까마귀가 울 때도 있었다

책 속엔 여러 갈래 길이 있었지만 뒷장에 난 길을 미리 볼 수는 없었으며
잘못 든 길을 지우는 지우개도 없었으므로 신중하게 생각해야 했으나
한때 목 좋은 곳에서 신선이 발목을 잡는 바람에
내용 없는 책장을 속절없이 넘긴 적 있다

책의 두께는 각각 달랐지만 책장을 넘기는 속도는 일괄적이다
몇 쪽이 남았는지 알 수 없으나 이제, 마무리의 계절에 접어든 듯
뼛속을 드나드는 바람이 이방인처럼 낯설다

꽃잔디, 비수리, 석잠, 루드베키아, 가을에도 꽃은 지천으로 피는데
코스모스 갈바람 흔들어 내 마음 푸석푸석해지면
새끼들이 출가한 억새 울음 같은 둥지에서 가로가로 체머리를 흔들다가
아래, 위를 지휘하는 지아비의 손끝에서 피식 함박꽃을 피운다

마지막 장은 아껴 둘!

해설

연꽃과 반가班家의 여인

해설

연꽃과 반가班家의 여인

—임향식 시집『그 여인의 실루엣』을 중심으로

김 동 원 시인

이요당二樂堂과 산수당山水堂

남산은 경주시의 남쪽에 솟은 산으로 신라인들의 신앙의 대상이 되어 왔다. 금오봉(468m)과 고위봉(494m)의 두 봉우리에서 흘러내리는 40여 개의 계곡과 능선으로, 동서 4km 남북 8km로 길게 뻗은 남산은, 남쪽으로 치우쳐 정상을 이룬 직삼각형 형상이다. 100여 곳의 절터와 80여 구의 석불, 60여 기의 석탑이 산재해 있는 남산은 살아 있는 신라 천 년의 보물이자 노천 박물관이다. 동남산에는 한국적 아름다움과 자비가 가득한 보리사 석불좌상, 9m 높이의 사면 바위에 탑과 불상 등을 새긴 불무사 부처바위, 바위에 아치형 감실을 파고 앉은 부처골 감실석불좌상이 있다. 남산에는 미륵골 보리사 석불좌상, 용장사 터 삼층석탑, 국보 칠불암 마애불상군을 비롯한 11개의 보물, 포석정 터, 나정과 삼릉을 비롯한 12개의 사적, 삼릉골 마애관음보살상, 입골 석불, 약수골 마애입상을 비롯한 9개의 지방유형문화재, 1개의 중요민속자료가 있다. 유적뿐만 아니라 남산은 자연경관도 빼어나다. 변화무쌍한 많은 계곡이 있고 기암괴석들이 만물상을 이룬다. 남산에 오르지 않고서는 신라인의 미의식과 예술을 보았다고, 감히 말할 수 없다.

우연히 경주에 빠진 것은, 그 남산 기슭 탑마을에 사는 반가班家의 그녀를 만난 이후부터였다. 정확히 말하면, 이요당二樂堂과 산수당山水堂의 고적함에 취한 때문이었다. 연꽃 핀 서출지 누각에 앉아 차를 마시며, 그녀 가계에 대한 내력을 들었다. 이요당二樂堂은 조선 현종 5년(1664)에 임적(任勣 : 1612~1672)이 지은 건물이다. 연못에 돌을 쌓아 그 위에 건물을 올렸으며, 당초에는 3칸 규모였으나 다섯 차례의 중수重修를 거쳐 현재는 정면 4칸, 측면 2칸, 팔작지붕 'ㄱ자' 모양의 구조를 갖추었다. 임적은 왕자사부를 지낸 학자 쌍봉 정극후의 사위이자, 남포 현감을 지낸 임몽서의 후손으로, 벼슬을 마다하고 자연을 사랑하며 고을을 살피며 살았다. 가뭄이 심했을 때 땅 밑의 물줄기를 찾아내어 이웃 마을까지 물이 부족하지 않도록 하였으며, 평소 가난한 사람들을 많이 도와 덕망이 높았다. 이요당은 요산요수樂山樂水의 뜻을 취해 편액扁額 하였다. 남쪽 양피못 언덕에는 임적의 아우 임극任尅이 지은 산수당山水堂이 있다. 산수당山水堂은 풍천임씨豊川任氏 시조 온溫의 19세손 임극任尅이 경주 배반동 능지촌의 송암정松庵亭을 선대로부터 물려받아 산수당이라 편액 하였다. 1733년경 남산으로 이사하면서 그때의 건물은 멸실하였다. 이를 복원하지 못한 채 긴 세월이 흐른 뒤 1901년 주손 태순泰淳이 이요당二樂堂 서쪽에 살림집을 매입하여 그동안 오랜 숙원이었던 정자 복원의 꿈을 이루었다. 그러나 그 위치와 형태가 적합하지 못하여 1941년 지금의 이곳 탑마을 양피지讓避池 둔덕으로 건물을 신축 이전하였다. 다시 60여 년이 지나 건물이 낡고 터가 좁아 주손 훈薰 후손 운식雲植 우식祐植 유사 인희寅熙 전종문이 힘을 모아 2007년 터를 확장하여 5칸 팔작지붕으로 중창하였다. 두 차례의 이건기문移建記文은 수헌修軒 최현필崔鉉弼과 영천靈川 김상우金相宇가, 중창 상량문은 여강驪江 이영원李榮源이 썼다. 이 건물은 크지는 않지만 문중의 변천과 종문 간의 효우돈목孝友敦睦이 함축되어 있는 상징적인 곳이다. 또한 앞에는 문천이 사철 흐르고 뒤에는 수려한 금오산이 병풍처럼 둘러 있어 요산요수樂山樂水의 인자요산仁者樂山 지자요수智者樂水라는 군자의 기상과 이요당二樂堂 산수당山水堂 형제간의 남다른 우애를 잘 나타내고 있다. 이요당은 그녀의 큰할아버지가, 산수당은 그녀의 직계 조부가 거쳐하던 곳이다. 임향식의 시, 「서출지 일지」는 그렇게 태어났다.

서출지는 노인과 편지, 동물들이 합심하여
신라 소지왕을 살려낸 아름다운 설화가 있는,
천 년을 거슬러 연꽃, 창포, 부초들을 키우며
이슬만 먹고도 유유자적하는
이요당二樂堂과 환상의 짝꿍이 되어 일지를 쓰고 있다

햇살이 물풀 사이에 들어 성장 면접을 하던 오후
연잎 방석에 앉은 청개구리 생뚱맞게 울어
구름 한 자락 여우비를 부추기고
물방개 부대가 바쁘게 빗방울을 그리기 시작하면
아이들은 고무신을 벗어 작은 연못을 퍼 나른다

여름밤, 이요당二樂堂 후손으로 못 둑 잔디밭에 모여 앉아
하늘이 쏟아 놓은 별에 연서를 쓰기도 했지!
"저 별은 나의 별, 저 별은 너의 별
별빛에 물들은 밤같이 까만 눈동자"*

거울 속 나이테를 하나씩 되짚어 가다 보면
어둠 속 빛살 같은 하얀 바지저고리의 애달픈 환영幻影

연못가에 앉은 아버지의 풍류가

낚시에 걸려 정체 중이다

*독일 민요, 「두 개의 작은 별」 중에서

—「서출지 일지」 전문

경주 서출지書出池는 삼국시대의 연못이다. 신라 소지왕 때, 이 못 근처에서 왕비의 비행非行을 알리는 글발이 전해졌다는 고사가 있다. 1964년 7월 11일 대한민국의 사적 제138호 서출지로 지정되었다가, 2011년 7월 28일 경주 서출지로 명칭이 변경되었다. 연못가에는 이요당二樂堂 정자가 물속에서 솟아 나온 듯한 돌기둥 위에 서 있다. 반은 땅 위에 있고 반은 물 위에 있는 정丁 자 모양으로 된 정자이다. 분홍 꽃봉오리와 연잎 사이로 날개를 편 듯한 기와지붕 추녀가, 물속에 거꾸로 비쳐 어른거리는, 참으로 운치 있는 곳이다. 여름 노을 무렵 못 둑에 핀 백일홍꽃 무리들은 장관이다. 자연스레 임 시인은 혼인하여 마을을 떠나기 전까지, 선비들의 풍류와 반가 여인의 법도를 익혔다. 시인은 이곳에서 소지왕의 설화를 조부로부터 들었다고 한다. 물론 동쪽 이요당 분합문(分閤門 : 문을 열고 들어 올려 서까래에 걸린 걸이에 거는 문)을 열고, 연꽃 피는 소리도 들었을 것이다. 햇빛 물든 움츠린 연꽃잎들이 빛을 받아 하나 둘 몸을 여는 것도 보았을 것이다. 이요당 문인방에 턱을 괴고 어둠 속 개구리 소리를 들으며, 달빛 연향들을 부드럽게 감싸는 밤하늘 '별'들의 노래도 불렀을 것이다.

그녀의 시 속에 소개된 「서출지 일지」 속의 선혜 부인과 묘심의 사통 사건의 전말은 이렇다. "신라 제21대 비처왕(소지왕) 즉위 10년 무진(488년)에 왕이 남산 기슭에 있던 '천천정'으로 거동하였다. 이때에 까마귀와 쥐가 와서 울었다. 쥐가 사람 말로 '이 까마귀가 가는 곳으로 따라가 보소서.' 하였다. 왕이 말 탄 군사를 시켜 그 뒤를 밟게 하였다. 말 탄 군사는 남쪽 파촌에 이르러 돼지 두 마리가 싸우고 있는 것을 구경하다가 그만 까마귀가 간 곳을 놓쳐 버렸다. 따르던 군사가 길가에서 방황하고 있을 때에 웬 늙은 노인이 못 한 가운데서 나와 편지를 줬다. 편지 겉봉에는 '떼어 보면 둘이 죽고, 떼어 보지 않으면 한 사람이 죽는다.'고 쓰여 있었다. 심부름 갔던 자가 돌아와 편지를 바치니 왕이 말하기를 '편지를 떼어 두 사람이 죽는 것보다 편지를 보지 않고 한 사람이 죽는 것이 낫다.'고 하였다. 그러자 점치는 관리가 아뢰기를 '두 사람이란 일반 백성이요, 한 사람이란 임금님이외다.' 하였다. 왕이 그 말이 옳다 싶어 편지를 떼어 보니, 그 속에 '거문고 집을 활로 쏘라'는 글귀가 쓰여 있었다. 왕이 대궐로 돌아가 거문고 집을 쏘고 보니, 그 속에서는 내궁에 머물며 불공을 드리는 중과 궁주가 몰래 간통을 하고 있었다. 왕은 두 사람을 처형하였다."(『신라왕조실록』, 박영규, 웅진) 이 못에서 글이 나와 계략을 막았다 하여 이름을 서출지書出池라 하고, 정월 보름날은 오기일烏忌日이라 하여 찰밥을 준비해 까마귀에게 제사 지내는 풍속이 생겨났다.

탑마을

연전에 임향식의 안내로 남산 문학 기행을 다녀온 적이 있다. 이요당과 산수당 구경은 물론, 그녀의 향리인 탑마을을 거쳐 칠불암 마애불상군(국보)까지, 꽃 핀 그 봄날 행복하게 걸었다. 그때 일행들은 무척 놀랐다. 그녀가 반가의 여인이라는 것과 집 마당 곁에 보물 제124호인 경주 남산동 동·서삼층석탑(慶州南山洞東·西三層石塔)이 그림처럼 서 있었기 때문이다. 동탑은 모전석탑 양식의 탑으로, 돌을 벽돌 모양으로 다듬어서 쌓아 올렸으며, 서탑은 2층의 기단 위에 3층의 탑신을 세운 전형적인 3층석탑 양식의 탑이었다. 통일신라시대 쌍탑은 대체로 동일한 양식을 가지는 데 비해, 이 동·서3층석탑은 서로 다르게 표현되어 특이하였다. 그들 형제자매들은 어릴 때부터 신라 천 년의 보물과 국보를 제 장난감인 양 가지고 논 셈이다.

내 첫걸음을 내딛던 골목길엔 탑 형제가 있었지

작은 탑에 모여 앉아 사금파리 주워 한 살림 차려 놓고
동드깨미하던 아이들
소년 소녀들은 큰 탑 위에 올라
"봄 처녀 제 오시네! 새 풀 옷을 입으셨네!"*
휘파람 반주에 시를 노래하며
저고리 안섶으로 분홍 꿈이 불거지던,
그들은 성인의 꼬리표를 달고 기찻길 따라 뿔뿔이 떠나갔지

주변의 집들이 덩달아 헐려 나가고

잘 다듬어진 잔디밭에 국보급 명찰을 달고
집성촌 우리의 정자(山水堂)를 지키는 탑 형제
탑 옆구리에 지치도록 간지럼을 태우던
그때 그들이 어스름 길 회환에 들었는데
한 곳만 바라보다 안목眼目이 흐려졌나
양피지에 긴 그림자를 드리운 채 침묵하는 탑 형제**

*이은상의 시
**탑 형제 : 경주시 남산동 탑마을 동서 삼층쌍탑, 보물 제124호

—「탑마을」 전문

임향식의 「탑마을」은 쌍탑에 얽힌 추억을 형상화한 작품이다. 그녀는 태어날 때부터 시인으로서는 천복을 받은 셈

이다. 누구나 천 년의 아름다운 탑 위에서 노래할 수 있는 홍복을 얻기란 불가능에 가깝다. "소년 소녀"들이 큰 탑 위에 올라가 휘파람 반주에 맞춰 「봄 처녀」를 부르는 모습은, 상상만으로도 행복하다. 아니, 그것 자체만으로도 한 편의 멋진 명시이다. 날마다 그녀는 아침 안개가 자욱한 왕릉 길의 그 고적한 휘어진 소나무 숲길을 또래 소녀들과 수다를 떨며 걸어 다녔다고 한다. 소풍 때마다 박혁거세와 왕비 알영의 사랑 이야기를, 아름다운 곡선의 오릉을 둘러보며 선생님께 들었다고 한다. 특히 그녀는 토함산 불국사 벚꽃 길과 안압지 연못을 좋아하였다고 한다. 그 봄 잊히지 않는 장면은, 국립경주박물관에서 본 미추왕릉에서 출토된 '토우 붙은 항아리'의 긴 목에 붙은, 개구리를 물고 있는 뱀이 신기했다고 한다. 그 항아리에는 새, 오리, 거북, 임신한 여자 밑으로 기어 들어가는 뱀의 모습과 남녀의 성행위 장면 등이 생생하게 묘사되어 있어, 함께 간 소녀들과 깔깔깔 웃었다고 한다. 임향식의 시를 말할 때 전통 미학을 빼놓을 수 없는 것은, 이런 연유에서이다. 시편마다 불쑥불쑥 피어오른 시적 영감들은, 천 년의 곡선이 깃든 신라의 유적에 푹 젖어 살았기 때문에 가능하다. 물론 추억이란 기쁨만 존재하는 것은 아니다. 슬픈 것은 슬픈 대로 "양피지에 긴 그림자를 드리운 채 침묵하는 탑 형제"처럼, 그녀의 기억 공간 속에 오롯이 남을 것이다.

그 여인의 실루엣

임향식 시인의 이번 시집 『그 여인의 실루엣』은, 크게 신라를 중요 테마로 잡아 탑 고을과 출가 이후의 개인적 서정 및 불교도로서의 인식 방법을 다루고 있다. 좁게는 부모의 죽음을 통해 존재의 불안에 가 닿기도 하고, 넓게는 반가의 여인으로서의 삶과 상처, 사랑과 불면의 소재 등을 통해 다채롭게 전개된다. 특히 신라 남산은 임향식의 무의식을 지배해 온 시적 공간이자, 설화적 상상력이 재생된 이미지의 보물 창고이다. 특히 그녀의 시 세계를 변화시켜 온 지점은, 끊임없는 내면의 성찰과 고뇌하는 반가 여인의 자세에 있다. 우울과 불면을 통해 삶을 바라본 불안한 미학은, 독특한 그녀만의 감수성의 발로이다.

그녀도 망개잎처럼 푸를 때가 있었다

보드라운 살갗을 가슴에 맞대고 아기에게 젖을 물린 엄마는
자장가를 속으로 부른다

마당귀 채전菜田 울타리에 이슬받이로 내다 넌 옷가지들
자루 달린 양푼 같은 다리미에 숯불을 피워
엄마가 한 손 한 발로 서답을 잡고 다림질을 하면
어린 남매는 탱탱하게 맞잡아 수평을 만든다

불면에 걸린 나뭇가지 밤새도록 휘파람을 불고
부르르 부르르 문풍지도 서럽게 울던 긴 겨울밤
호롱불 벗 삼아 장단을 짚는 여인의 실루엣
또닥또닥 토도닥토도닥 한을 풀어내는 듯, 힘 있는 리듬
그도 그렇게 밤을 새웠다

창호지 밖으로 흘러나온 다듬이 소리는 어디로 갔을까

북두칠성이 퐁당퐁당 어둠을 퍼내어 쪽달의 낯을 씻기고
바글바글 별이 흐르는 은하수를 건너가는
잃어버린 그녀의 하얀 고무신 한 짝

어린 남매의 귀밑머리에도 어느덧 서리가 내리는데
뒤안으로 돌아간 엄마는 감감무소식이다

—「그 여인의 실루엣」 전문

2017년 매일신문 시니어문학상 당선작이기도 한, 「그 여인의 실루엣」은, 조선 반가의 여인으로서 엄혹한 법도를 지키며 가족을 돌보다 떠나신 어머니에 대한 애정이 감동적으로 그려졌다. 「아버지의 마침표」에서도 잘 드러나지만, 임향식의 생사관은 불교적 인연법에 그 뿌리가 닿아 있다.

"망개잎"을 통해 어머니를 식물성으로 은유한 대목은 신선하다. "서답"을 다리미질하는 그녀 가족의 정경은 다복하다. 호롱불 속에서 흔들리는 젊은 어머니의 "다듬이 소리"는 달빛 아래 한 폭의 수묵화 같다. 무엇보다 어미가 이승에서 저승으로 건너가는 장면을, "잃어버린 그녀의 하얀 고무신 한 짝"으로 비유한 시구는 뭉클하다. 이 시는 어린 남매들을 두고 아직도 감감무소식인 '엄마'를 기다리는 딸의 모정에 대한 사무침이, 사뭇 애틋하다.

발화

상징symbol이란 추상적인 개념을 구체적이고 감각적인 사물이나 이미지로 나타내는 일이다. 즉, "어떤 사물, 사상, 정조情調 등을, 이것과 어떤 의미로서 상통하는 다른 사물에 의하여 암시나 연상 따위로 표명하는 방법"(우리말 사전)이다. 임향식의 시 「발화」는 원형적 상징의 좋은 예로 '사랑의 전이'를 불의 발화發火로 본 특이점에 놓인 작품이다. 이 시는 한국의 전통 시학을 잇는 사랑시의 원형을 간직하고 있다. 미치광이 남편의 죽음을 애절하게 부른 고조선의 「공무도하가」, 사랑하는 임을 떠나보내야 하는 슬픔과 버림받은 여인의 애처로운 여심女心을 고백조로 처리한 고려의 「가시리」, 동짓달 기나긴 밤의 외로운 여인의 "한허리를 버혀 내여"

달빛에 녹인 황진이의 「동짓달 기나긴 밤을」과 그 궤를 같이한다. 시는 사랑의 예술을 꽃피운 가장 아름다운 한 떨기 꽃이다. 하여 임향식은 불을 통해 정열적 사랑을 갈구한다. 이런 '불'의 상승은 음양의 상징으로 함의된다.

그때 그 옆자리에서 전이가 된 게다

불꽃 한 송이, 제대로 피워 보지 못하고
시커먼 연기만 만들어내는
청솔에 짓눌린 여름 불도 아니었고
거세게 덮쳐 오는 겨울 산불도 아니었다

불인 듯 아지랑인 듯 가늠이 어려운,
자작자작 속 불을 피워 뒤란까지 내려온
다정이 병이 된 봄날의 산불
장막을 쳐 놓고
허둥지둥 집 불을 잡는다

잦아든 줄 알았지!
덜 꺼진 불씨를 안고 하릴없이 그의 곁에 얼쩡대다가,

그냥 활활 태워 버릴까도 싶었지만,

노숙은 할 수 없어
자꾸만 되살아나는 불씨를 잡는다

찬물 한 샘을 산에다 뿌리고
찬물 한 샘을 집에다 뿌리고

—「발화」 전문

시에 있어 상징象徵은 본질과 현상의 진정한 결합을 확보해 준다. 동양에서는 우주 무의식이 삼라만상을 통해서 드러나는 '하늘의 징조'로 상징을 파악했다. 즉, 모든 사물의 근본은 하나지만 저마다 생긴 모양이 다르듯, 자연의 법칙은 한곳으로 귀착되나 그에 이르는 길은 천만 갈래의 상징으로 나타난다고 본 것이다. 하여 상징은 암시적이어서 상상력의 개입이 필요하다. 하여 임향식은 사랑의 불을 "그때 그 옆자리에서 전이가 된 게다"라고 치고 들어간다. 이 첫 행이야말로 절묘하다. 개인적 상징으로서의 '불의 전이'는, 이후 전개될 그녀 작품의 행간의 음영을 더욱더 짙게 한다. 그녀에게 사랑의 불은 "시커먼 연기만 만들어내는 / 청솔에 짓눌린 여름 불도 아니었고 / 거세게 덮쳐 오는 겨울 산불도" 아니었다. 다만 그것은 "불인 듯 아지랑인 듯 가늠이 어려운, / 자작자작 속 불을 피워 뒤란까지 내려온 / 다정이 병이 된 봄날의 산불"인 셈이다. 한 남자를 제 가슴의 창을 통해 바라보는, 중년 여인의 사랑은 치명적이다. 하여 "자꾸만 되살아나는 불씨를 잡는다"는 것은, 천역을 거부하는 것만큼 힘든 순간이다. 처녀의 사랑이 직유라면, 임향식의 「발화」는 겉불이 붙기 전 나타나는 여심의 위험한 징후이다.

치매

흔히 우리네 정서로 사람이 죽어서 건너는 강을 황천黃泉이라고 한다. 그리스 신화에 보면 이승에서 저승 사이 다섯 개의 강이 나온다. '비통과 슬픔의 강', '비탄의 강, 또는 통곡의 강', '불의 강', '증오의 강' 마지막 '망각의 강'이다. 누구나 인간은 어느 날, 이 강들을 차례로 건너야 한다. 이승에서 겪은 그 모든 고통스러운 일, 성공과 실패, 배신과 사랑, 이별과 눈물, 그리고 공허, 그 모든 기억들이 하얗게 지워진 채, 레테(망각의 강)를 건너야 한다. 나는 그것도 참 괜찮은 일이라고 여긴다. 망각은 어쩌면, 추억의 슬픈 해독제일지도 모르기 때문이다. 망각의 강을 건너고도 이승의 추억을 기억하는 망령(妄靈, 영을 잊는 병)은, 고통일 것이다. 하여 우리네 옛 어른들이 즐겨 쓰던, 그 '노망(老妄, 늙어서 잊어버리는 병)'이란 말이, 차라리 인간적으로 여겨진다. 노망은 현대말로 치매이다. dementia(치매)는 라틴어의 de(아래로)와

mens(정신)에서 나온 단어로, 말 그대로 '정신적 추락'을 뜻한다. 다른 설명도 있다. 'dementia'를 뜯어보면 'de'는 '지우다, 없애다'는 뜻이고 'ment'는 'mental'에서 보듯 '마음'이라는 뜻이다. 거기에 병을 뜻하는 어미 'ia'가 붙은 것이니, 그대로 옮기면 '마음이 지워지는 병'이다. 치매癡呆라는 단어는 일제 때 번역되어 해방 후에 그대로 병명으로 굳어졌다. 임향식의 「황금 반죽」은, 현대 사회에 가장 심각한 병증을 시로 파고든 예이다.

화장실이 어머니를 지우던 날

생각도 체면도 다 버린 채
오로지 생의 마지막 과제에만 충실하셨던 어머니
요강은 어머니의 장난감이었지
황금을 낳아 보배처럼 잘도 가지고 노신다
쏟았다 퍼담기를 반복하며 잃어버린 기억을 찾으시나!
방바닥에 몰래몰래 써 놓은 유장悠長한 기록들
아무리 난해해도 오독은 금물이지
한 생을 갈무리 중이니까

어머니의 손은 노랗게 익어 가고……

룸메이트 손녀가 향기에 밀려나자
밤마다 두견이 되어 버린 어머니!

동강 난 잠을 잇는 고3 딸의 애타던 밤은
닳아진 돌쩌귀도 같이 울었다

깨어진 황금 알을 고부의 합작으로 반죽한 삼 년
남편의 멋쩍은 한마디!

당신의 후각 장애가 치매 바라지의 일등 공신이었어

—「황금 반죽」 전문

치매는 뇌의 신경세포가 대부분 손상되어 장애가 생기는 대표적인 신경정신계 질환이다. 노인들에게 가장 흔하게 나타난다. 냉장고에 핸드폰을 넣어 두고 방마다 찾으려 다니면 치매 초기다. 늘 다니던 길을 잃고 '여기가 어디지?'라고 자주 되물으면 조금 위험하다. 어느 날 집에서 나가 몇 날이고 돌아다니다, 경찰에게 발견되면 그나마 다행이다. 중증 치매는 일상적인 일 수행, 시간 및 공간을 판단하는 일, 언어와 의사소통 기술, 추상적 사고 능력이, 아예 머릿속에 하얗게 지워지는 과정이다. 착한 치매 못된 치매도 있다. 전자는 고분고분하다. 예쁜 입짓 손짓 몸짓을 한다. 후자는 갖은 악담과 욕설, 폭행과 파괴, 심하면 방마다 불을 지르며 웃고 다닌다. 임향식의 「황금 반죽」은, 그나마 착한 시어머니의 똥 칠갑 이야기다. 아니 똥 화가 이야기다. 아기나 치매 노인의 행위를 보면 인간 기억의 마지막은, 손장난이 처음과 끝을 장식하나 보다. 한편, 이 증症은 잘못하면 한 가족이 풍비박산風飛雹散 난다. 육친끼리 서로 모시는 입장이 달라, 몇 달도 안 가 산산이 깨지고 흩어지고 원수가 된다. 2연의 7~8행은 명구이다. "아무리 난해해도 오독은 금물이지 / 한 생을 갈무리 중이니까" 독자에게 바라는 임향식의 번뜩이는 지혜의 독백은 역설적이다. 며느리로서의 가족 파탄에 대한 윤리적 경계를, 스스로에게 엄중하게 다짐하고 있다. 하여 효부 아내에 대한 고마움을 표현하는 남편의 말이 걸작이다. "당신의 후각 장애가 치매 바라지의 일등 공신이었어"

아름다운 출구

물론, 임향식의 이번 시집 『그 여인의 실루엣』 속에는 아직 다루지 않은 무수한 명편들이 즐비하다. 얼굴에 핀 검버섯을 제거한 이야기를 아주 해학적으로 다룬 수작 「돈 주고 판 버섯」, 조선 유교의 허실을 은유한 「마늘에 대하여」, 현대 젊은 처녀들의 몸가짐을 희화화한 「피어싱」, 떨어지는 낙화의 쓸쓸함을 연민의 눈길로 바라보는 「아름다운 추락」, 특히 인생의 실존 문제를 담담하게 승화시킨 「가을로 가는 기차」는, 그녀 서정시의 백미가 아닐 수 없다.

잡히지 않는 마음이 혼자 떠도네
기차에 신들린 그는
차창마다 숨구멍을 내어 바람과 소통하지!

연기를 뿜어내어 뭉게구름을 만드는 건
파란 하늘에 목화꽃을 피우는 증기기관차의 예능
칙칙거리며
푹푹거리며
꾀액~ 첫 행을 긋는 신호음을 울린다

바람에 누운 풀들이 줄행랑을 놓고
황금 들판 가로질러 건널목을 만나면 딸랑딸랑
참새 떼 쫓던 허수아비 깜박 낮잠을 깨우지
간이역 들어서니 줄지어 기다리는
코스모스 승객이 창문마다 가득하다

만차라고 쓴 깃발을 높이 올리고
일기일회一期一會*란 문장이 행간 속으로 걸어 나오자

억새의 붉은 손이 기약 없이 흔들린다

고운 옷 갈아입은, 산모롱이 돌아간 기차는
어디로 사라졌나!
터널을 빠져나온 단풍이 오색 물결을 이루고
내 마음은 돌려받지도 못했는데,
옛날로 회귀하는 기적 소리만 요란하다

*일기일회一期一會 : 평생에 한 번 만남

―「가을로 가는 기차」 전문

허먼 멜빌(미국 1819~1891년. 소설가, 시인)의 말처럼 "인생은 집을 향한 여행"일지 모른다. 우리는 저마다 가을 기차의 승객일 터이다. 임향식의 「가을로 가는 기차」 속의 애잔한 비유처럼 "칙칙거리며 / 푹푹거리며" 자신들의 기적 소리를 뿜으며, 아무도 모르는 생의 종착역을 향해 달려가는 여행일지 모른다. 어떤 이는 아침 일찍 간이역에서 외롭게 혼자 내렸을 것이다. 또 어떤 이는 정오를 지나 저녁노을을 보러 떠났을 것이다. 칸칸마다 창문을 통해 보는 "황금 들판"의 풍경은, 승객마다 다를 것이다. 어쩌면 그녀의 시구처럼 인생은 "일기일회一期一會"의 '한 번뿐인 인연'이어서, 더욱 사무치게 삶이 아름다운지 모른다. 꽃 피는 봄보다 떨어지는 낙화가 고운 이치가 거기에 있다. 임향식의 「가을로 가는 기차」를 읊조리고 있으면, "기약 없이" 흔들리다 "산모롱이 돌아간 기차"처럼 아련하고 그리운 사람들의 얼굴이 떠오른다.

그렇다. 시는 늘 저 산 너머 어딘가, 까무룩 사라지는 소실점에 위치한다. 환하고 밝은 쪽보다 늘 그늘지고 아픈 등쪽에 눈이 가는 것이 시다. 하여, 시인은 존재의 처음과 끝을 만지는 사람이다. 세상이 아프면 함께 앓아눕고, 세상이 슬프면 함께 울어 주는 자가 시인이다. 임향식의 이번 시집 『그 여인의 실루엣』은, 밤낮없이 '시가 무엇인가'에 대해 간절하게 물은 화답이다. 천 년 신라의 설화에 대해, 반가 여인의 그늘과 연민에 대해, 사랑과 애증에 대해, 생사의 경계에 대해, 그녀는 '비밀의 창'을 통해 좋은 서정시로 그려냈다. 시는 대중성과 작품성을 함께 추구할 때 완전해진다. 현실의 재현이 아니라 진실과 감동을 추구할 때 더욱 빛난다. 누구나 다 알 수 있는 시, 그러나 아무나 쓸 수 없는 시를, 임향식은 이번 첫 시집에서 증거 한 셈이다.

임향식

경북 경주에서 출생했다. 2014년《한비문학》신인상 수상으로 등단하고 2017년 매일신문 시니어문학상에 당선되었다. 대구문인협회, 수필사랑문학회 회원. 텃밭시학 동인으로 활동하고 있다.

imhs1316@daum.net

임향식 시집

그 여인의 실루엣

초판 1쇄 발행 2020년 2월 20일

지은이 임향식
펴낸이 이은재

펴낸곳 도서출판 그루
출판등록 1983. 3. 26(제1-61호)
주소 06121 서울특별시 강남구 봉은사로 129, 1210호
42452 대구광역시 남구 큰골 3길 30
전화 02-358-1161, 053-253-7872
팩스 053-257-7884
전자우편 guroo@guroo.co.kr

ISBN 978-89-8069-414-3

이 도서의 국립중앙도서관 출판예정도서목록(CIP)은 서지정보유통지원시스템 홈페이지(http://seoji.nl.go.kr)와 국가자료종합목록 구축시스템(http://kolis-net.nl.go.kr)에서 이용하실 수 있습니다. (CIP제어번호 : CIP2020006087)